ARMIDE,

PARODIE.

PAR M. B**.

Représentée pour la premiere fois par les
Comédiens Italiens ordinaires du Roy,
le 21. Janvier 1725.

A PARIS,

Chez FRANÇOIS FLAHAULT, Libraire,
Quay des Augustins, du côté du Pont
S. Michel, au Roy de Portugal.

M. DCC. XXV.

PERMISSION.

AU LECTEUR.

LA bonté avec laquelle le Public a bien voulu recevoir la Parodie d'Armide, jointe à ce que plusieurs Personnes de distinction en ont demandé des Copies, m'ont engagé d'en risquer l'impression. L'Auteur sçait parfaitement que cette bagatelle dragmatique n'en auroit jamais valu la peine, s'il n'y eût été engagé par ce motif; de plus, il la regarde comme si peu de chose par elle-même, qu'il avouë que c'est à l'excellence des Acteurs qu'elle doit son succés.

Il supplie humblement le Lecteur de ne point prendre l'impression de cette Piece, dans d'autre vûë que celle de lui donner quelques Vaudevilles qui ont paru lui faire plaisir, & qui perdroient beaucoup de leur sel s'ils toient déplacez ; c'eſt pourquoi on a imprimé la Piece toute entiere, dans l'eſpérance que le Lecteur aura autant d'indulgence pour l'Auteur, en la liſant, qu'il en a fait voir à la repréſentation.

ACTEURS
DE LA PARODIE.

ARMIDE, Mademoiselle Sylvia.
SIDONIE, Mlle la Lande.
HIDRAOT, M. Thevenot
RENAUD, Arlequin.
UBALDE, M. Dominique.
LE CHEVALIER DANOIS,
   M. Pantalon.
BACHUS. M. Thevenot.
Une HARANGERE, M. Paqueti.
ARONTE, M. le Docteur.
Une BOUQUETIERE, Mademoiselle Ursule.
Troupe DE HARANGERES.
Troupe de BOUQUETIERES.
Troupe de SATYRES, de la suite de Bachus.
Troupe de DEMONS, transformez en Huissiers & Sergens.

La Scene est dans le Palais d'Armide.

ARMIDE,
PARODIE.

ON JOUE L'OUVERTURE D'ARMIDE.

Le Théatre représente un Arc de triomphe élevé à la gloire d'Armide, & pour celebrer son triomphe.

SCENE PREMIERE.

a ARMIDE, SIDONIE.

SIDONIE *prenant Armide par la main.*

a Armide entrant rêveuse.

Air qui suit.

DAnsons le nouveau Cotillon,
Trémoussez-vous belle,
Trémoussez-vous donc.

A

ARMIDE,

En vérité, belle Armide, je ne vous comprends pas! Dans le temps que tout seconde vos desirs, qu'on ne songe qu'à vous donner des Fêtes & des Cadeaux, vous paroissez toute je ne sçai comment! Eh que vous manque-t'il donc?

Air. Robin turelure.

Pour vaincre nos Ennemis,
Il ne vous faut, je le jure,
Qu'une œillade, qu'un souris, turelure,
Et votre Victoire est sûre,
Robin turelure.

L'on sçait par tout ce que peuvent vos yeux, & vous leur faites faire si bien ce que vous voulez, qu'il n'est point de Coquette aujourd'hui qui ne voulut prendre de vos leçons.

Air. Dans ces lieux tout rit.

L'Ennemi, de tous vos charmes
Eprouve enfin le pouvoir.
Oüi, pour vous rendre les armes
Et vous aimer, il ne faut que vous voir.

ARMIDE.

Hélas! mon triomphe n'est pas complet: Renaud, que je ne puis

PARODIE.

souffrir, est justement celui qui méprise mes charmes; de tout le Camp qui me trouvoit gentille & de son goût, il fut le seul qui me vit indiféremment, & tandis que tous les autres s'empressoient à me faire des civilitez... Monsieur... me laissa passer sans faire semblant de me voir; du plus loin qu'on m'apperçevoit, je m'entendois dire :

Air qui suit.

La belle, je vous vois, je vous aime,
Si je vous ai, je vous aimerai tant,
Je suis tendre, je suis constant,
Je vous vois, je vous veux, je vous aimerai tant !

Air de Beelphegor, Comedie Italienne.

Si quelqu'un venoit près de moi,
Me venter sa tendresse;
Un autre avec délicatesse
Me disoit : lorsque je vous voi,
Je... sens un certain je ne sçai qu'est-ce,
Je sens un certain je ne sçai quoi.

Air. L'Amour me fait, l'on len la.

Gracieusement.

Un autre plus timide
S'en venoit poliment,

A ij

Me dire belle Armide,
Soulagez mon tourment ;
L'Amour me fait, len len la,
L'Amour me fait mourir.

Que je suis bien punie ! Il faut justement, parce que je haïs Renaud, qu'il ne fasse point cas de moi.

Air. Ton humeur Catherine.

Mais tandis qu'à mes doux charmes,
Tant de Guerriers à la fois :
Cherchent à rendre les armes,
Et se soûmettre à mes loix ;
De Renaud voi je te prie,
Les impertinens rébus :
a Il prétend je crois ma Mie,
Prendre avec moi le dessus.

a En core.

Air. L'Amour, la nuit & le jour.

Ah ! ce qui plus ma foi,
Excite ma colere ;
C'est qu'il est je le voi,
Dans l'âge où l'on peut faire l'amour,
La nuit & le jour.

SIDONIE.
Air. De son len la.

Bon ! quoiqu'à votre Victoire,
Il manque encore celui-là ;
Plus d'un tente cette gloire,
C'est à qui s'empressera :

PARODIE.

De vous .... aimer, landerirette,
De vous aimer, de vous charmer.

En effet, celui qui ne sçait pas profiter de l'occasion quand elle se présente, est un benais.

Air. Quand le péril est agréable.

Qu'on doit aussi-tôt méconnoître,
Et même oublier promptement.
Souvent l'Amant le plus charmant,
Ne tarde guere à l'être.

ARMIDE *avec agitation.*

Un songe affreux m'épouvante, & me met toute hors de moi. Ah! j'ai crû voir le perfide l'épée à la main.

Air. De quoi vous plaignez-vous.

Pour éviter ses coups,
Je suis, craignant sa colere:
Pour éviter ses coups,
Tombée à ses genoux :
Mais dans ce débat sévere,
Voulant fléchir sa rigueur :
a Il m'a semblé ma chere,
Qu'il ... me perçoit le cœur.

a Tendrement.

SIDONIE.

Air. Tout cela m'est indiférent.

Il ne faut jamais s'arrêter,
A ce qu'un songe peut chanter!

ARMIDE,

J'en ai fait certains dans ma vie,
Que j'ai goûté comme un vrai bien,
Mais hélas, je vous certifie,
Qu'au réveil ce n'étoit plus rien.

Mais... voici Monsieur votre Oncle, je vous laisse.
Elle s'en va.

SCENE II.

HIDRAOT, ARMIDE.

HIDRAOT.

Bon jour ma Niéce, bon jour... je viens me réjoüir avec toi, & joindre ma voix aux acclamations de la Populace...

Air des Trembleurs.

Quand je te vois, je respire,
J'ai ce que mon cœur desire,
Pour soûtenir cet Empire,
C'est sur toi que nous comptons !
Pour honorer ta famille,
C'est trop peu d'être gentille,
Si l'Etat de toi, ma fille,
Ne voit quelques rejettons.

PARODIE.
Air. Lon len la.

Ah! quel sera mon bonheur,
Si tu satisfais mon cœur!
Oüi ma chere Enfant,
Je mourrai content,
Si je puis d'aventure,
Voir avant ce funeste instant,
De ta progeniture,
  Vraïement, De ta progeniture.
Air. Barbe en mariage.

Flatte ma vieillesse,
D'un espoir si doux,
Hâte-toi, ma Niéce,
De prendre un Tourelourirette,
De prendre un len la derirette,
De prendre un Epoux.

ARMIDE.
Air Lirette liron.

Je veux garder ma liberté,
Et mon humeur folette:
Menuet de M. de la Lande dans un des Balets du Roy.

  Un amant
Nous conte toûjours ce qu'il ressent,
  Si tendrement,
  Qu'à son tour,
Ou devient sensible à son amour. *bis.*
  Il enjôle,
Avec son air fripon,
Souvent le drôle

A iiij

ARMIDE,
Sans sujet ni raison,
S'envôle . . . .
Ainsi qu'un Papillon.

Air du Roy de Cocagne, Comédie Françoise.

Et de plus sa flâme est toûjours belle,
Son discours toûjours pressant;
Et promet de nous être fidelle,
Tant qu'il se trouve être Amant;
Est-il Epoux, sa flâme est bien-tôt morte;
    Et lon len la
    Ce n'est plus là,
    Où l'on trouve cela,
Le Mariage l'emporte.

Air. C'est dans ces lieux que regne l'innocence.

J'aime à donner de l'amour sans en prendre,

HIDRAOT.

Ma niéce en vain, tu prétends te défendre;
Songe qu'amour ne perd rien pour attendre.

Air. Flon flon.

Quand on est jeune & belle,
Que l'on a des appas,
C'est être bien cruelle,
Que de n'en user pas:
Flon flon flon, larira dondene,
Flon flon flon, larira dondon.

PARODIE.

Air. Ma Fille veux-tu un bouquet.
Quand veux-tu prendre ce parti,
Quand veux-tu prononcer ce oüi ?
ARMIDE.
Même air.
Non, non, non, mon Oncle, non,
Ce n'est point là ma maladie,
Gai, gai, mais quel Oncle j'ai,
Qui n'entend pas le dessein de sa niéce,
Gai, gai, mais quel Oncle j'ai,
Qui n'entend pas le dessein que j'ai.
Air. J'en frai la folie.
Je vais, *a* pour vous satisfaire,   *a Avec chaleur.*
Vous apprendre comme,
Pour m'engager & me plaire,
Il me faut un homme
C'est celui que Renaud vaincra,
Qui mon tendre cœur obtiendra :
J'en frai la folie, mon Oncle,
J'en frai la folie.
Air. De tous les Capucins du monde.
Voici nettement ma pensée,
HIDRAOT.
Te connoissant si déguisée,
Je ne puis compter qu'en tremblant,
Sur des paroles si legeres.

Il se fait un bruit de Symphonie.
ARMIDE.
Mais, d'où vient ce bruit ?

ARMIDE,

HIDRAOT.

Mon Enfant,
Ce sont je crois les Harangeres.
Qui viennent honorer ton Triomphe.

HIDRAOT, ARMIDE, TROUPE D'HARANGERES.

La Symphonie jouë l'air du Vaudeville suivant, pendant lequel toutes les Harangeres arrivent.

Air. Mirlababibobet.

UNE HARANGERE.
Par tout où vous portez vos pas,
Que vous faites, la belle,
De fracas !
Nos Ennemis en ont dans l'aîsle,
Mirlababi, ser la babo,
Cette *a* gente pucelle,
Ser la baborita,
Les a ma foi tous mis à bas.

La montrant du doigt à ses Camarades.

Air. En revenant de S. Denis.

Quand j'ons cette nouvelle appris,
J'en avons tant ri,
De sçavoir qu'ils étions tous pris,

PARODIE.

Le cul dans une hotte,
J'en avons tant ri,
J'en rirons bien encore.
Elles se prennent les mains, & dansent en chantant le refrain du Vaudeville precedent.
J'en avons tant ri,
J'en rirons bien encore.

HIDRAOT.
Air. O Pierre, j'étois morte sans vous
Armide, Armide,
Triomphe des grands cœurs.

Le Chœur.
Armide, Armide,
Triomphe des grands cœurs.

HIDRAOT.
Sa beauté par tout préside,
Les plus terribles vainqueurs,
Malgré leur fureur perfide,
Eprouvent ses rigueurs.
Armide, Armide,
Triomphe des grands cœurs.

Le Chœur.
Armide, Armide,
Triomphe des grands cœurs.

ARMIDE,

SCENE IV.

HIDRAOT, ARMIDE, TROUPE DE HARANGERES, ARONTE.

ARONTE *entrant tout éfoufflé.*

Madame, les Chevaliers dont vous m'avez commis le foin, fe font fauvez…

Air. Lon len la derirette.
Je les ai voulu retenir, *bis.*
Loin de m'entendre & m'obéïr,
Lon len la derirette,
Madame ils ont gagné païs,
Lon len la deriri.

ARMIDE *avec furprife.*
Comment cela s'eft-il pû faire?

ARONTE.
Air. Réveillez-vous.
Comme je marchois à la fuite,
Afin de veiller fur eux tous:
Un homme nous… a mis en fuite,
HIDRAOT & ARMIDE *enfemble.*
Un feul homme! que dites-vous?

PARODIE.
ARONTE.
Air. Du Cap de bonne esperance.

J'ai tout fait pour me défendre,
Mais cet homme assûrément ;
N'est pas un Gaillard bien tendre,
J'en puis parler sçavament :
Plus de trente coups de Gaule,
Ausquels j'ai prêté l'épaule,
Vous disent, & vous font voir,
Qu'Aronte a fait son devoir.

ARMIDE *avec douleur.*

Je gage que c'est Renaud
Qui me joüé ce tour-là.

Air. Etes-vous de Gentilly.

Aronte seroit-ce lui ?
ARONTE.
Vraïement ma Commere oüi,
ARMIDE.
Qui me donne ce déboire,
ARONTE.
Vraïement ma Commere voire,
Vraïement ma Commere oüi.

HIDRAOT, ARMIDE *ensemble.*
Air. Des fraises.

Poursuivons jusqu'au trépas,
Celui qui nous offense ;
Qu'il ne nous échappe pas,
Courez, vôlez sur nos pas,
Vengeance, vengeance, vengeance.

ARMIDE,

Le Chœur.

Qu'il ne vous échappe pas,
Courez, vôlez sur leurs pas,
Vengeance, vengeance, vengeance.

Les Harangeres & Aronte se retirent.

SCENE V.

HIDRAOT, ARMIDE.

HIDRAOT.

Allons ma Niéce, c'est ici qu'il faut jouer de notre reste, profitons d'un temps si cher à notre vengeance, & pour mieux réüssir unissons nos voix.

HIDRAOT & ARMIDE *ensemble.*

Air des petits Rats.

Accourez esprits de haine & de rage,
Et livrez à notre juste couroux,
L'ennemi qui nous fait un tel outrage,
Qu'à son tour il expire sous nos coups :
Secondez la fureur qui nous anime,
Pour calmer notre desespoir,
Conduisez en ces lieux notre Victime,
Qu'il éprouve enfin notre pouvoir.

PARODIE.

ARMIDE *étendant sa Baguette.*
Air. L'Amour plaît, dans Thesée.

Vous que mes Ordres severes,
Rendent soûmis à mes Loix,
De gentilles Bouquetieres,
Démons, prenez le minois. *a*

    HIDRAOT ARMIDE *ensemble.*

Accourez, esprits de haine & de rage,
Et livrez à notre juste courroux,
L'Ennemi qui nous fait un tel outrage,
Qu'à son tour il expire sous nos coups, &c.

    HIDRAOT.
Air. Tout du long de la Riviere.
Ma Niéce courage,

    ARMIDE.
Ma foi tout va bien,
L'ennemi s'engage,
Je le vois qui vient, *b*
Tout le long de la Riviere,
Lere lon len la,
Tout le long de la Riviere.

    HIDRAOT & ARMIDE *ensemble.*
Ah! qu'il est bien là.
Air. Que je cheris mon cher Voisin.
Bon! *c* je vais sans perdre de temps,
L'immoler à ma rage.

    ARMIDE *l'arrêtant.*
Mon Oncle tout doux, je prétens,
Avoir cet avantage.
    Ils se retirent.

---

a Le Theatre representé un fleuve.

b Renaud paroît sur les bords du fleuve.

c Voulant aller sur Renaud.

SCENE VI.

RENAUD *essuiant son épée au retour du combat.*

Ouf! je viens ma foi de faire un grand ouvrage.
 Air. Quand le péril est agréable.
Sans que personne me seconde,
N'aïant que mon bras pour appui,
L'histoire me fait aujourd'hui
Bien assomer du monde.
 Air du Confiteor. *Regardant le Fleuve.*
Fleuve qui coulez doucement,
Je boirois de votre eau clairette,
Si je n'avois par un serment
Promis, en buvant Chopinette,
Qu'en quelqu'endroit que je serois,
Nullement d'eau je n'userois.
 En s'étendant comme un homme qui a envie de dormir.
 Air. Quand le péril est agréable.
En forme il faut que je sommeille,
Faisons bien cet office-là,
Car, on m'a dit qu'à l'Opera,
L'on dormoit à merveille.

Je

PARODIE.

Je suis si las du combat de tantôt, que je me sens tout je ne sçai comment.

Air. L'on n'aime point dans nos Forêts.

Ces bois, ces Prez charment mes yeux,
O dieux quel gazon admirable,
Près de ce qu'il aime en ces lieux,
Je gage & je me donne au diable,
Qu'un Amant s'y plairoit ma foi,
Pour le moins tout autant que moi.

Air. Notre galere, sans vent contraire, voguera. Comédie Ital.

Fleuve qui d'une eau toute pure,
Arrosez ce charmant côteau,
Oüi je vous jure,
Que le murmure,
De votre eau,
Lere lanlere,
M'engage à faire
Ici dodo.

En se couchant sur le lit.
Air. Lerela.

Puisque tout m'invite au repos,
Sommeil par tes charmans pavôts,
Viens fermer enfin ma paupiere,
Lerela....

B

ARMIDE;

On joüe ici l'air, dormez roulette, afin de l'endormir.
Il s'endort.

SCENE VII.

Entrée de BOUQUETIERES.

On danse autour de Renaud qui dort.

Premier Vaudeville.
I. Couplet.

Qu'un Galant adroit, coquet,
Fasse present d'un bouquet,
A quelque aimable Fillette,
On écoute son ardeur,
On assure son bonheur,
Le tout pour une fleurette.   *On danse.*

II. Couplet.

Un petit Maître amoureux,
Fait tout pour se rendre heureux ;
S'il le faut même, il l'achette ;
Qu'une Coquette entre nous,
En fait mettre à ses genoux,
Le tout pour une fleurette.   *On danse.*

III. Couplet.

Pour plaire un jeune Plumet,
Se vante d'être discret ;
Mais en arriere il caquette,

PARODIE.

Plus inconstant que le vent,
On le voit changer souvent,
Le tout pour une fleurette.

On danse sur le Vaudeville, ensuite une Bouquetiere va à l'oreille de Renaud, & lui chante le Couplet qui suit.

Dormez Roulette,
Prenez bien votre repos,
Tantôt à la réveillette
On vous en dira deux mots.

Air. Marie salisson est en colere.

Hélas ! quelle erreur, quelle foiblesse,
Ho, ho, tourlouribo.
Dans une aimable jeunesse,
Ho, ho, tourlouribo,
De ne pas chanter sans cesse,
Ho, ho, ho, tourlouribo.

Le Chœur.

De ne pas chanter sans cesse,
Ho, ho ho, tourlouribo.

SCENE VIII.

ARMIDE entrant en colere avec un coûteau à la main, & les Acteurs de la Scene précédente.

ARMIDE.

Quel tapage faites-vous donc

20 ARMIDE,
ici ? Eſt-ce là ce que je vous ai commandé ? Belle façon d'endormir les Gens, en faiſant un carillon du Diable ; . . . Retirez-vous.

Les Bouquetieres ſe retirent.

SCENE IX.

ARMIDE, RENAUD *endormi*.

ARMIDE *le Coûteau à la main.*
Air. Oreguingué.

Enfin il eſt en mon pouvoir, *bis.*
Il faut que dans mon deſeſpoir,
Oreguingué o lon len la,
Je faſſe éclater ma vengeance,
Et puniſſe ſon inſolence.

Air de Beelphegor, Comédie Ital.

a *Elle ſe*   Courage Armide, venge-toi, *a*
ſent com- Fais voir plus de hardieſſe,
me rete- Mais, d'où me vient cette foibleſſe ! *b*
nuë.
b *Portant* Qui peut ainſi parler en moi ?
ſa main Ah ! c'eſt un certain je ne ſçai qu'eſt-ce,
ſur ſon Ah ! c'eſt un certain je ne ſçai quoi.
front.
   Air. Un petit moment plus tard.
c *Elle*
va pour
le frapper c Frappons : Ciel ! je ſens que mon bras,

PARODIE.

Refuse à ma haine,
L'espoir de se venger hélas !
Ma fureur est vaine,

En le regardant.

A cet aspect noble & grand,
Pourquoi donc me sens-je émûë ?
Pourquoi ce trouble charmant ?
Je suis... je suis perduë.
Non... il m'est impossible.

Air qui suit.

Turlututu rengaine, rengaine, rengaine,
Turlututu rengaine, rengaine ton Coûteau.

Le joli petit Garçon, j'en suis enchantée : que me serviroit-il de me venger ainsi ? J'entrevois un moïen plus sûr pour le punir, qu'il m'aime autant que je lui suis indifférente.

Air. L'amour la nuit & le jour.

Non, je n'oublirai rien
Pour tâcher de lui plaire,
Et m'y prendrai si bien,
Que je lui ferai faire
L'amour, la nuit & le jour.

Et moi, s'il m'est possible que je le haïsse, mais non, Armide, tu ne le pourras, il est inutile d'y penser... je me sens bien peut-être.

En l'entourant d'une chaîne de fleurs,
qu'elle trouve par terre.
Air. Que je chéris mon cher Voisin.
De ce soin je me charge hélas,
Et m'en fais une gloire,
Car dans cet endroit l'on n'a pas,
Des mieux suivi l'Histoire.

Oüi mon cher Renaud, oüi.

Air. Cher Bachus si je soûpire.
J'ai toujours crains de me rendre,
Et refusé cent fois de m'enflâmer,
Mais je ne sçaurois me deffendre,
Du plaisir de vous aimer.

Air. Lerela.
Démons, pour combler mes desirs,
Transformez-vous en doux Zephirs,
Portez-nous au bout de la terre,
Lerela, lerelanlere,
Lerela, lerelanla.

Deux Zephirs viennent prendre Armide
& Renaud, & les traînent dans la
Coulisse.

PARODIE.

SCENE X.

UBALDE, LE CHEVALIER DANOIS, *dont le premier porte un Sceptre d'or que lui a donné un Magicien, pour vaincre les Enchantemens d'Armide; & le second porte une Epée: il paroît des Monstres au fond du Théatre.*

UBALDE.

Air. Pierre Bagnolet.

En dépit de cette Sorciere,
De qui vous servez le couroux,
Monstres *a* à notre ordre sévere,
Au plûtôt retirez-vous tous,
  Chacun chez vous,
  Chacun chez vous,
Retournez dans votre taniere,
Sans tarder, obéïssez-nous. *b*

LE CHEVALIER DANOIS.

Tout nous est favorable,
Allons chercher Renaud.

Le Théatre change, & représente le Palais d'Armide.

UBALDE.

L'on voit d'ici le séjour enchanté,

a En montrant son Sceptre.

b Les Monstres s'abiment.

Où par un charme fatal ce Héros est retenu.

Air. du Retour de Fontainebleau, Comédie Italienne.

Là Renaud, petit à petit,
S'abandonne à la molesse;
Et lorsque d'Armide il s'agit,
De répondre à la tendresse;
Et gai, *bis.* comme il y va,
La rela...

LE CHEVALIER DANOIS.

Si Renaud jette les yeux sur cet Egide redoutable, nous l'engagerons à quitter ces lieux.

Air. Quand le péril est agréable.

Empressons-nous, morbleu, j'enrage
Je crains...

UBALDE.

La raison,

LE CHEVALIER DANOIS.

La voilà,

De trouver comme à l'Opera,
Quelque Fille au passage.
Ils s'en vont.

SCENE

PARODIE. 25

SCENE XI.

ARMIDE *seule*.

Renaud t'offense trop par son indifférence, il te faut l'oublier, Armide : oüi, mais comment ? avoir recours à la haine ? non, cela seroit trop barbare ; implorons le Dieu de la Bouteille, du moins je me vengerai plus doucement.

Air. Notre espoir alloit faire. Dans Persée.

Puisqu'Amour ose troubler mon ame,
Dieu du Vin, rends-toi mon défenseur :
C'est toi seul qu'en ce jour je reclame,
Viens éteindre une funeste flâme,
Qui brûle mon cœur . . . .

SCENE XII.

BACHUS & *sa suite*, ARMIDE.

BACHUS. *Air. Pere je me confesse.*
Ta voix s'est fait entendre,
Dans la Bachique Cour ;

Nous venons te défendre,
Des charmes de l'Amour.
Pour chasser ce terrible Vainqueur,
Je vais tout entreprendre :
Pour chasser le terrible Vainqueur,
Qui regne dans ton cœur.
Pour essuïer tes larmes,
Pour calmer tes allarmes,
Nous t'allons faire voir,
Quel est notre pouvoir.

a En se retour παςς ver les Say-res. a Déchirons son bandeau,
Rompons & brûlons ses armes,
Eteignons son flambeau,
Dans notre bon vin nouveau.

Le Chœur.

Déchirons son bandeau,
Rompons & brûlons ses armes,
Eteignons son flambeau,
Dans notre bon vin nouveau.

BACHUS.
Air. Lampons.

Sors trop funeste vainqueur,
Sors pour jamais de ce cœur,
Sors, puisqu'enfin il te chasse,
Je vais regner à ta place,
Buvons, *bis.* belle Armide, buvons.

Air. C'est à toi cher Camarade
Pour remporter la Victoire,
Sur l'indiférent Renaud :

PARODIE.

Il prend une bouteille & un verre entre les mains d'un Satyre.

Armide il faut boire, boire, boire, boire,
Armide il faut boire, boire, comme il faut.

ARMIDE.
Air. Non, non, je ne veux pas rire.

Laisse-moi, mon cœur est content, *bis.*
D'aimer à jamais cet Amant :
Je chéris trop la gloire,
Non, non, je ne veux pas boire,
Non, non, je ne veux pas boire,
Non non,
Non, non, je ne veux pas boire.

BACHUS.
Air. J'en mourrois.

Quoi ! ton cœur toûjours sensible,
N'implore-t'il donc ma loi,
Contre ce Vainqueur terrible,
Que pour se moquer de moi ?

ARMIDE.

Je ne sçaurois,
Bachus il m'est impossible,
J'en mourrois . . .

BACHUS *en s'en allant.*
Air. Adieu panier.

N'espere pas qu'en ces retraites,
Le Dieu du vin revienne un jour ;

C ij

Va, je te quitte sans retour,
Adieu panier vendanges sont faites.
BACHUS & sa suite se retournant au fond du Théatre.
Va nous te quittons sans retour,
Adieu panier vendanges sont faites.

SCENE XIII.

ARMIDE seule.

Que je suis malheureuse, il faut que j'aime qui ne m'aime pas. Hélas! Comment l'amour a-t'il pû trouver les chemins de mon cœur, moi qui en tenoit les avenuës si bien gardées! En verité il faut que ce petit Coquin-là se fourre par tout.

Air. Boire à son tour.
Dans ces transports charmans,
Je sens sur ma parole,
Courir par tout mes sens,
Quelque chose de drôle,
Oüi cette ardeur,
Part de mon cœur,
Part de mon tire lire,

PARODIE.

Part de mon toure loure,
Part de mon cœur.

SCENE XIV.

SIDONIE, ARMIDE.

SIDONIE.

Madame, votre charme a fait son effet, Renaud vous aime, & je ne puis m'empêcher de rire du stratagême dont vous vous êtes servie pour soûmettre ce Rodomont.

ARMIDE.

Air. Ah! voiez donc que ces Manans sont drôles.

Que fait-il dans l'appartement ?

SIDONIE.

S'il dit une parole,
C'est votre nom, voici comment :
A chaque instant,
A chaque instant,
Il raisonne le drôle.

Air qui suit.

Non, non, il n'est point de si joli nom,
Que celui de ma Princesse,
Non, non, il n'est point de si joli nom,

Que celui de ce tendron.

Air. Que Pirithous est charmant.

Il n'aspire qu'au doux moment,
De vous conter ce qu'il ressent.
Montrez-vous à ses yeux, vous
en apprendrez davantage.

ARMIDE *finit l'air.*

S'il n'étoit pas si non-chalant,
J'en ferois la folie,
Hélas ! que Renaud est charmant
Faut-il que je l'en prie ?

Air des Feüillentines.
Tendrement.

S'il a pour moi de l'ardeur,
Pour mon cœur,
C'est un bien foible bonheur !
Que peut un Amant, ma Mie.
Qui n'agit *bis* que par magie.
Oüi, pour te parler avec franchise...

Air. Qu'on apporte Bouteille.

L'amour qui le transporte,
N'a pas un vrai dehors ;
Et c'est une machine morte,
Dont je fais mouvoir les ressorts.

SIDONIE.

Air. De tous les Capucins du monde.

Je conviens que c'est vous, Madame,
Qui de Renaud embrasez l'ame,

PARODIE.

Mais avec tous ces soins, hélas !
A cela près d'un peu de honte,
Par ma foi, vous ne laissez pas,
D'y fort bien trouver votre compte.

Mais le voici, je vous laisse avec lui.

SCENE XV.

ARMIDE, RENAUD.

ARMIDE *courant au-devant de Renaud.*
Air. Mais sur tout prenez bien garde à votre Cotillon.

Quoi ! c'est vous mon petit Mignon, *bis*
M'aimez-vous bien ?

ARLEQUIN.

Oüi mon Trognon,
Et mon tendre cœur vous répond,
Que c'est d'amour d'affection,
C'est pourquoi prenez bien garde,
A tant de passion, à tant de passion.

Air. De son len la.

Armide si je soûpire,
Si j'ai des empressemens,
C'est que je meurs de te dire,
Ce qu'à mon tour je ressens,
Pour tes appas, landerirette,

Pour tes appas, landerira.

ARMIDE.

Que je suis malheureuse; il faut que je te quitte.

RENAUD *en frappant du pied.*

J'ai du guignon;

Air. Morguenne de vous.

Lorsque de rester,
Mon amour vous presse,
Vous m'allez quitter!
Trop cruelle Princesse,
Morguenne de vous,
Quelle femme, quelle femme,
Morguenne de vous,
Quelle femme êtes-vous.

ARMIDE.

Air. Vous m'entendez bien.

Mon fils, l'amour que j'ai pour toi,
Jette mon ame dans l'effroi,
Hélas par injustice,

ARLEQUIN.

Hé bien?

ARMIDE.

Je crains qu'on me ravisse,
Eh! tu m'entens fort bien.

ARLEQUIN.

Mon petit cœur, pourquoi t'alarmer? est-ce que je ne t'aime pas comme il faut, je fais pour-

PARODIE.

tant mon possible pour...
ARMIDE.
Je crains que cela ne dure pas ;
Si la gloire où tu donnois si follement, s'offroit encore à tes yeux, tu me quitterois peut-être, pour suivre cette étourdie.

ARLEQUIN.
Air. Absent de sa belle.
Je ressens sans cesse,
La plus vive ardeur,
C'est pour toi Princesse,
Que je garde mon taleritata, la lire,
Que je garde mon cœur.

Air Du mirliton.
Les honneurs d'une Victoire,
Pour toi ne me tentent pas :
L'éclat dont brille la gloire, a
Vaut-il un seul des appas,
De tes yeux fripons & mignons,
Dondaine,
De tes yeux fripons don don.

a *Air de l'Opera.*

Air. A l'ombre d'un Ormeau.
RENAUD & ARMIDE *ensemble.*
Aimons-nous, tout nous y convie,
Hélas ! si tu m'ôtois ton cœur,
Tu m'ôterois bien-tôt la vie,
Je n'y puis penser sans fraïeur,

Armide, }
Cher Renaud, } Mes amours,
je t'aimerai toûjours.
ARMIDE.
Adieu.
Elle s'en va.

SCENE XVI.

UBALDE, LE CHEVALIER DANOIS, RENAUD.

UBALDE.

Air qui suit.
La bonne aventure, au gué,
La bonne aventure.
Air. Tout cela m'est indiférent.
a En frap- Tandis qu'il est seul, mon enfant, *a*
pa t sur Il faut profiter du moment.
l'épaule UBALDE *présentant le Bouclier aux*
du Che- *yeux de Renaud, chante l'air qui*
valier *suit.*
Danois
Ah ! Renaud réveille, réveille,
Ah ! Renaud réveille-toi.
RENAUD.
Ouf !

PARODIE.

Sur la fin du Vaudeville : Tout cela m'est indiférent.

Ciel ! qui peut peindre ma figure,
Auſſi ſenſiblement, hélas !
Il faut rire de l'aventure,
Me voici comme le bœuf gras.

UBALDE.

Tout le Camp vous demande, notre General vous rappelle... mais quoi ! tandis que des deux bouts de la terre chacun court à la gloire, le brave Fils de Bertholde reſte ici comme un imbécile, vîte.... allez-vous-en...

RENAUD.

Comme me voilà plaiſament fagoté ! parbleu je ſuis un drôle de Héros ; ah, ah. *a*

a Il ſe met à rire.

UBALDE.
Air qui ſuit.

Aux armes Camarade,
Profitez du moment,
Partez promptement,
Aux armes Camarade,
Pourquoi tant de retardement.

RENAUD.

Patience, patience, je vais vous l'apprendre,

36 ARMIDE,
*Air. L'appétit vient en mangeant,
Comédie des Anonymes.*

Des yeux de cette Brunette,
Je me gardois bien vraïement ;
Mais cette fine Coquette,
Me prit par enchantement :
Mon ame devint distraite,
Et pour parler franchement, ...
L'appétit vient en mangeant.

UBALDE.
En tirant Renaud par le bras.

Eh ! allons, Seigneur Renaud,
dégourdissez-vous.

LE CHEVALIER DANOIS.
*Air du troisiéme Acte de Panurge,
Comédie Italienne.*

Tout vous engage en ce jour,
D'oublier un fol amour,
J'entens l'écho qui repete,
A la trompe . . . . ette,
Renaud, quittez ce séjour,
Sonnez trompette,
Battez tambour.

ARLEQUIN *en sautant.*

Bon ! je sens revenir mon coura‑
ge ; mon petit cœur au seul nom
de la gloire fait tic, toc : allons,
il... il lui faut obéïr ; & vous *
restes honteux de ma foiblesse,

* *En ar‑
rachant
ses guir‑
landes de
fleurs.*

PARODIE.

quittez-moi pour jamais.

Arlequin reçoit un bouclier de la main d'Ubalde, & une épée de celle du Chevalier Danois.

UBALDE.
Air du Fleuve d'oubli.

Fuïez de la Princesse,
Les dangereux appas, ha, ha, ha,

RENAUD.

Comme le temps nous presse,
Ami doublons le pas, ha, ha, ha,
Pour en perdre la mémoire,
Partons, vîte courons,
Et vôlons,
A la gloire, à la gloire.

Ils s'en vont.

SCENE XVII.

RENAUD, UBALDE, LE CHEVALIER DANOIS, ARMIDE.

ARMIDE *suivant Renaud le mouchoir à la main.*

Renaud! ciel! ô mortelle peine!
Vous partez, Renaud, vous partez, *a* *a Air de l'Opera.*

ARMIDE,

Armide tire Renaud par le bras, Ubalde en fait autant de son côté, mais Renaud en leur résistant les fait tomber par terre, ce qui fait un jeu de Théatre.

Air. Le beau Berger Tyrsis.

Que ne peux-tu sentir,
La douleur qui me presse !
Cruel ! avant de partir,
Voi l'excès de ma tristesse,
Oüi, je te le confesse,
Ton départ me fait mourir.

Renaud s'arrêtant pour l'écouter.
Air. Flon, flon.

Quand tu venois perfide,
Me conter ton amour,
Réponds est-ce qu'Armide,
N'avoit pas du retour ?

RENAUD.

Flon, fon, larira dondene,
Flon, flon, larira dondon.

Air Beau berger je te connois bien.
Armide je vous connois bien *bis.*
Ces discours ne servent à rien ;
Vous m'en contez,
Vous m'amusez,
Toûjours :
A d'autres, je connois les tours,
Que m'ont fait vos amours.

PARODIE,

ARMIDE.
*Air. Vôlez charmans Amours : dans le
Balet des Fêtes Grecques.*

Sans cesse sur tes pas
Tu me verras, perfide,
Sans cesse sur tes pas
Te suivre dans tous les combats,
Oüi tu verras Armide,
S'offrir comme une Egide,
Et les coups ma foi
Lancez contre toi,
Seront tous pour moi.

RENAUD.
La gloire veut que je vous quitte, ce n'est pas ma faute à moi, belle Armide,.... ne vous fâchez pas.

Air. Quand le péril est agréable.

Je m'empresserai de vous plaire,
Et de bon cœur vous aimerai ;
Mais ce sera ... quand je n'aurai,
Rien de meilleur à faire.

ARMIDE.
Air. Les Filles de Montpellier.

Puisque tu te ris du sort,
De l'infortunée Armide,
Ingrat, je vais par ma mort,
Contenter ton cœur perfide ;
Ahie, ahie,...

ARMIDE,

Elle tombe & s'évanoüit.
Renaud court pour la soûtenir, & la couche sur un lit de gazon en finissant l'air.

Ahie, ahie, ahie, Armide,
Armide, ahie... (*il pleure*) iou, iou.

    UBALDE *le retirant par le bras.*
    Air. Ah! Robin tais-toi.

Quand la gloire vous appelle,
Y pensez-vous bien, Renaud,
Vous faites ici le nigaud.
Auprès d'une peronnelle.

    RENAUD *en pleurant.*

Ubalde tais-toi,
J'en connois, j'en connois,
J'en connois bien d'autres,
Qui font comme moi.

    LE CHEVALIER DANOIS.

Eh allons, hâtez-vous de partir ; pour un Héros, vous faites-là un sot personnage.

    RENAUD *au Parterre, en pleurant.*

Allons, armons, armons,...
armons-nous de courage.
    Air. Tout cela m'est indiferent.
Partons, mais genereusement,
Et paroissons être contens,
Afin qu'à jamais l'on s'écrie :
Que Renaud mille fois montra,

                           Plus

PARODIE.

Plus de cœur dans sa Parodie,
Qu'il n'en fit voir à l'Opera.
Ils s'en vont.

SCENE DERNIERE.

ARMIDE *seule & revenuë de son évanoüissement.*

Air des Pendus.

Le perfide Renaud me füit,
Et quoiqu'ingrat mon cœur le suit ;
Hélas ! il veut que je périsse !
  Air. Pierre Bagnolet.
Ah ! tu me trahis, misérable,
Ah ! tu vas trahir tes sermens.
 Pour achever l'air des Pendus.
Le perfide Renaud me füit,
Et quoiqu'ingrat mon cœur le suit.
  Air. Quand on a prononcé.
Hélas ! que n'ai-je crû le Dieu de la Bou-
 teille,
Yvre de son doux jus, à l'ombre d'une
 Treille,
*Sur le refrein de l'air, Lan mirtan plan,
 lan tir larigo.*
Lan mirtan plan lan tourlarigo,

D

Je ferois contente, je ferois contente,
Air. Il s'en va le Berger que j'adore.
Il s'en va, le Héros que j'adore,
Il m'a fait pour jamais ses adieux.
Air du retour de Fontainebleau, Comédie Italienne.
De bon cœur il quitte ces lieux,
Il ose braver ma rage,
Je le vois si j'en crois mes yeux,
Qui court gagner le rivage.
Et gai, gai comme il va,
Larela...
Air. Suivons, suivons l'amour.
Suivons, suivons Renaud, courons le rechercher,
Ah, ah, ah, je ne puis marcher.
Air Quel plaisir d'aller à la Guinguette.
Traître attends... je tiens ton cœur perfide,
Je l'immole, je l'immole à ma fureur,
Air. Mariez-moi, sur le refrain.
Je le tiens, je le tiens, je le tiens bien,
Bon! tu deviens folle, Armide,
Je le tiens, je le tiens, je le tiens bien,
Ma foi tu ne tiens plus rien.
Air. Voici les Dragons qui viennent.
Partons, mais de la vengeance,
Suivons les transports:
Air. Tout cela m'est indiférent.
Ombres d'Huissiers & de Sergens,

PARODIE.

Voici pour vous de doux inſtans.
Air des Trembleurs.
Quittez le ſombre rivage,
Accourez ſervir ma rage,
Faites ici le tapage ;
Répandez par tout l'horreur.
Pour venger un cœur ſenſible,
Que votre pouvoir terrible
Y laiſſe, s'il eſt poſſible,
Des marques de ſa fureur.

Les Démons transformez en Huiſſiers & Sergens, détruiſent le Palais d'Armide, qui au lieu de s'en aller ſur un Char vôlant, comme à l'Opera, paſſe en l'air dans une Brouette, & la Piece finit.

FIN.

✛✛✛✛✛✛✛✛✛✛✛✛✛✛✛✛✛✛✛✛✛✛✛

Permis d'imprimer, à Paris ce 29. Janvier 1725.

RAVOT D'OMBREVAL.

www.ingramcontent.com/pod-product-compliance
Lightning Source LLC
Chambersburg PA
CBHW060937050426
42453CB00009B/1042